# Kräuterküche

schnell, einfach und gesund

Autorin: Martina Kittler | Fotos: Jörn Rynio

# Inhalt

## Die Theorie

## Die Rezepte

## Extra

## *Stark im Trend: Grün!*

Frische Kräuter regen mit ihrem Duft und Aroma die Sinne an, verbessern Geschmack und Aussehen vieler Gerichte und verleihen ihnen erst die richtige Würze.

Die Evergreens Petersilie, Dill und Schnittlauch gehören nach wie vor zur Grundausstattung. Rosmarin und Salbei bringen bei Fleisch, Geflügel und Fisch eine südliche Note ins Essen. Die asiatischen Würztalente Koriandergrün, Thai-Basilikum und Zitronenblätter sind stark im Kommen: in Salat, Suppe oder Nudelpfannen. Und auch beinahe vergessene heimische Gewächse wie Bärlauch und Löwenzahn erleben ein wohlverdientes Comeback.

# Kräuterfrische in der Küche

Für jeden ist ein Kraut gewachsen: im Garten, auf dem Balkon oder auf der sonnigen Fensterbank. Die frischesten Kräuter sind natürlich die, die man selber erntet. Doch die meisten Sorten werden auch auf Märkten und in Gemüseläden angeboten – und sind im Bund oft aromatischer als im Topf. Tipp: Bestimmte Sorten oder größere Mengen beim Gemüsehändler vorbestellen.

## 1 | Kräuterfrische erhalten

Viele Kräuter leben von der Frische. Sie sollten sie daher möglichst rasch nach Einkauf oder Ernte verwenden. Doch wohin mit den Kräutern, die man nicht gleich verbraucht hat? Man kann sie für einen Tag in Wasser stellen. Länger halten sie im Kühlschrank: waschen und gut abtrocknen, dann in ein feuchtes Tuch oder Küchenpapier einschlagen oder locker in einen Plastikbeutel packen und ins Gemüsefach des Kühlschranks legen. So bleiben sie zwei bis drei Tage frisch. Größere Mengen Kräuter können Sie auch einfrieren, trocknen, einlegen oder einsalzen. Wie? Das lesen Sie hinten bei den Erfolgstipps.

1 *Fürs Bouquet garni die Kräuterzweige mit Küchengarn binden.*

## 2 | Mitkochen?

Je frischer ein Kraut ist, desto intensiver ist sein Aroma. Aber nicht alles Grüne kommt zum gleichen Zeitpunkt an ein Gericht. Wie es jedes einzelne Kraut am liebsten hat, finden Sie auf den Seiten 6 bis 9.
Ein Bouquet garni, der gebündelte Kräuterstrauß, kommt beim Zubereiten von Fonds, Brühen, Suppen und Saucen in den Topf – und wird vor dem Essen wieder entfernt. Es wird je nach Gericht zusammengestellt; auf dem Bild aus Lorbeer, Thymian und Petersilie für die Fischsuppe auf Seite 27.

## 3 | Kleine Hackordnung

Erst die Kräuterblätter von den groben Stielen zupfen, dann mit einem scharfen, breiten Messer hacken. Wie fein, das hängt von der Verwendung ab. Als Faustregel gilt: je feiner das Gericht, um so feiner werden die Kräuterblätter gehackt. Pürieren sollte man Kräuter nur, wenn man sie mit anderen Zutaten zu einer Farce oder einer Paste verarbeitet.

## 4 | Kräuterduft

Die Aromastoffe sind als ätherische Öle oder wasserlösliche Substanzen in den Pflanzenteilen gebunden. Sobald man Kräuter zerkleinert, werden die Würzträger frei, sie verbinden sich mit dem Sauerstoff der Luft. Das intensive Aroma verfliegt schnell, deshalb zerkleinerte Kräuter sofort verwenden.

# Kräuter-Handwerk

**Messer:** Die Klinge muss scharf und handlich breit sein, damit Sie vor allem Kräuter mit großen Blättern sauber schneiden oder wie ein Profi mit raschen Auf- und Abbewegungen hacken können. Sonst wird das Kraut gequetscht und der Saft herausgedrückt.

**Wiegemesser:** Mit dem klassischen Küchenmesser mit dem Doppelgriff lassen sich Kräuter durch sanftes Hin- und Herwiegen der abgerundeten scharfen Schneiden mühelos und schnell fein hacken. Gibt es auch als ergonomisch geformtes Einhand-Wiegemesser.

**Küchenschere:** Zum Schneiden von Schnittlauchröllchen oder feinen Streifen von Sauerampfer und Basilikum.

**Kräutermühle:** Hier zerkleinern mehrere kleine Messer rotierend das Kraut. **Wichtig:** Kräuter nach dem Waschen gut abtrocknen!

**Mörser:** Kräuter für Pesto und Saucen werden in ihm erst grob zerstoßen, dann zu einer Paste zerrieben. Ideal sind große Mörser aus neutralem Marmor oder Porzellan. Der Stößel sollte schwer sein.

**Pürierstab:** Blitzgerät für die schnelle Küche! Die elektrisch rotierenden Messer zerkleinern die Kräuter im Nu. Wenn möglich, sollte man sie nicht trocken, sondern mit flüssigen Zutaten wie Brühe, Sauce, Suppe pürieren.

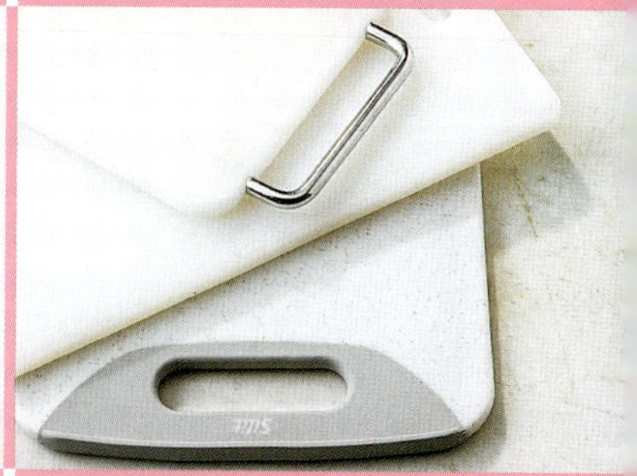

**Schneidebrett:** Marmor und fester Kunststoff sind zum Hacken von frischen Kräutern am besten geeignet, weil sie den Saft nicht aufnehmen, geschmacksneutral und leicht zu reinigen sind. Ein Holzbrett vorher anfeuchten.

# Querbeet durch den Kräutergarten

**Petersilie:** Glatt oder kraus, sie passt fast immer und ist – abgesehen von der fernöstlichen Küche – überall zu Hause. Die glatte ist mittlerweile beliebter– zarter im Blatt, feiner und zugleich aromatischer im Geschmack. Sie ist allerdings nicht so robust wie die dekorative krause und lässt schnell die Blätter hängen. Petersilie kocht man mit oder gibt sie gehackt zum Schluss an die Gerichte. Übrigens: Von der Petersilie lassen sich nicht nur die Blätter verwenden. Auch in den Stängeln steckt intensiv würziges Aroma.
**Passt zu:** Suppen und Saucen aller Art.
**Würzt:** Reis-, Kartoffel- und Nudelgerichte.

**Schnittlauch:** Das typische Frischkraut schmeckt würzig frisch nach Zwiebeln und ist leicht scharf. Immer geschnitten, nie gehackt verwenden und erst vorm Servieren zufügen.

**Schnittknoblauch:** Einwanderer aus Asien. Seine Blätter sind etwas breiter als die vom Schnittlauch, er riecht und schmeckt milder als Knoblauch. Gibt es im Gemüsehandel und Asienladen. Er lässt sich aus Samen auch selber ziehen.

**Passen zu:** Suppen mit Gemüse, klarer Brühe, Joghurt- und Grüner Sauce, Vinaigrette. Harmoniert mit Matjes, Garnelen, Hackfleisch und hellen Fleischgerichten.
**Würzen:** Eierspeisen, Quark, Frischkäse, Butterbrot, Kartoffeln, dicke Bohnen, Möhren und Pilze.

**Basilikum:** Bundware ist aromatischer, aber auch empfindlicher als Topfware. Blätter nur trocken verarbeiten und erst unmittelbar vor Gebrauch schneiden, sonst verfliegt das kühlende, frische Aroma. Möglichst nicht mitkochen.
**Passt zu:** Tomaten, Tomatensuppen und -saucen, Auberginen, Zucchini und Hülsenfrüchten. Basis für Pesto.
**Würzt:** hellen Fisch, Muscheln und Garnelen, Hackfleisch, Geflügel, Kaninchen und Lamm.

**Thai-Basilikum:** »Bai-Horapha« schmeckt intensiver als das europäische, der Duft erinnert leicht an Anis. Oft durch Basilikum zu ersetzen.
**Passt zu:** asiatischen Wok-Gerichten und Curries.

**Kerbel:** Bereits im März kommt das zarte, feine, petersilienähnliche Kraut auf den Markt. Süßlich-frischer, leicht anisartiger Geschmack.
**Passt zu:** Suppen und feinen Saucen, Salaten, Kräuterbutter, Gurken, Erbsen, Brokkoli, Möhren, Kohlrabi.
**Würzt:** Fisch im Sud, Forelle, Garnelen und helles Geflügel.

**Dill:** Seine zarten gefiederten Blättchen haben eine intensive Würzkraft und ein leicht herbes Aroma. Frisch ist Dill am besten, gegart verliert er viel Aroma.
**Passt zu:** hellen Saucen, Mayonnaise, Vinaigrette, Quark- und Eierspeisen, grünen Bohnen, Lauch, Möhren, Gurken. Harmoniert mit Fisch, Muscheln Garnelen, Kalbfleisch, Geflügel.

**Borretsch:** Das Sommerkraut verdankt seinen Beinamen »Gurkenkraut« dem frischen Aroma. Frisch verwenden oder nur kurz mit erhitzen. Junge, zarte Blätter ganz an die Speisen geben, größere haarige Blätter fein schneiden oder hacken.
**Passt zu:** Gurken-, Tomaten- und grünem Salat, Mayonnaise, Quark, kalten und warmen Saucen, Risotti.

**Estragon:** Es hat ein duftiges und im Sommer ausgeprägtes Aroma, das an Waldmeister mit einem Hauch von Anis erinnert. Estragon entfaltet erst beim Kochen seinen vollen Geschmack, immer vorsichtig dosieren!
**Passt zu:** hellen Saucen, Artischocken, Erbsen, Gurken, Pilzen.
**Würzt:** Fisch, Muscheln, Geflügel und Lamm.

**Pimpernelle:** Ihr eigenwilliges, zart nussiges Aroma erinnert ein wenig an Gurken und kann manchmal auch etwas scharf sein. Das dekorative Kräutlein wird wie Petersilie verwendet.
**Passt zu:** Kräuterbutter und -essig, Grüner Sauce, Salaten, Suppen, Drinks, Eierspeisen, Fisch und Gemüse.

**Portulak:** Das fast vergessene Würzkraut ist wieder im Kommen. Der Geschmack der dünnen, knackigen Blätter ist erfrischend – nussig, leicht säuerlich und etwas salzig. Gekochten Speisen erst am Ende der Garzeit zufügen! Portulak ist in gut sortierten Gemüseläden erhältlich.
**Passt zu:** fruchtigen Salaten, Quark, kalten Saucen. Oder warm als Suppe und Gemüse.

**Minze:** Wichtig sind vor allem Grüne Minze und Pfefferminze. Beide enthalten das ätherische Öl Menthol, das für ihre frische Kühle charakteristisch ist, unterscheiden sich aber in der Duftnote. Minze schmeckt je nach Sorte aromatisch frisch bis brennend würzig. Sie harmoniert mit Zitrone. Nicht mitkochen!
**Passt zu:** Joghurtsuppe und -sauce, Erbsen, Auberginen, Zucchini. Zitrone, Scholle, Kabeljau, Lamm und Hackfleisch. Toll als Dekoration.

**Zitronenmelisse:** Sie sorgt mit ihrem zitronigen Aroma für Frische und passt in Kräutermischungen, die kalt verwendet werden. Wie Minze ideal zum Garnieren.
**Passt zu:** Desserts, Salaten, Drinks, Dressings, Reis- und Fleischgerichten.

**Koriandergrün:** Es heißt auch Cilantro und wird in den Küchen Mexikos und Asiens, vor allem in Thailand und Indien, verschwenderisch und nur frisch verwendet. Da die Blätter ähnlich wie Petersilie aussehen, wird es auch Chinesische Petersilie genannt, es schmeckt aber völlig anders – intensiv würzig und streng aromatisch. Frischen Koriander gibt es im Asienladen und gut sortierten Gemüsegeschäften. Pflänzchen lassen sich aus Korianderkörnern selbst ziehen – die Samen lose auf angefeuchtete Erde legen, nach 2–3 Wochen ernten.
**Passt zu:** asiatischen und orientalischen Speisen – in Salate, Suppen, Reis-, Fleisch- und Fischgerichte, Curries und Gemüse.

# Sie mögen's heiß

**Thymian:** Er schmeckt herb-würzig – schon kleine Mengen würzen intensiv. Auch hier gilt: sparsam dosieren! Zitronenthymian duftet ausgeprägt nach Zitrone.

**Rosmarin:** Das Mittelmeerkraut besitzt ein harziges Aroma. Sparsam dosieren – Zweige zugeben und hinterher entfernen oder ein paar Nadeln mitgaren. Rosmarin entfaltet seine Würzkraft erst richtig durch Hitze.
**Passen zu:** kräftigen Gemüseeintöpfen und -suppen. Harmonieren mit Auberginen, Tomaten, Zucchini, Bohnen, Möhren und Kürbis, Heilbutt, Doraden, Rotbarsch, Makrele und Zander, zu geschmortem und gebratenem Fleisch.

**Bohnenkraut:** Es gibt Bohnen einen herzhaften Bohnengeschmack. Das mediterrane Würzkraut entwickelt sein Aroma erst voll durchs Kochen. Daher sparsam einsetzen.
**Passt zu:** Erbsensuppe und Schmorsaucen, Tomaten und Kürbis.
**Würzt:** fettreichen Fisch, Kaninchen und Lamm.

**Salbei:** Er verleiht Gerichten ein kräftiges, leicht kampferartiges Aroma. Das entfaltet sich erst so richtig, wenn man ihn in heißes Fett gibt. Aber vorsichtig braten – wenn er dunkel wird, schmeckt er bitter. Roh ist sein Geschmack zu herb.
**Passt zu:** Kartoffel- und Bohnensuppen, Tomaten, Möhren, Sellerie und Pilzen.
**Würzt:** Scholle, Makrele, Tintenfisch und Fleisch.

**Majoran:** Saison ist von Mai bis August. Er schmeckt würzig, etwas bitter und wirkt magenstärkend. Erst gegen Ende der Garzeit zufügen, sparsam dosieren und kurz mitgaren. Der Geschmack wird leicht zu kräftig.

**Oregano:** Der südliche, wilde Verwandte des Majoran wird auch Dost oder wilder Majoran genannt. Er schmeckt ähnlich wie Majoran, aber etwas schärfer. Getrocknet und gerebelt ist er das Pizzagewürz. Er hat aber auch frisch starke Würzkraft.
**Passen zu:** Suppen und Saucen mit Tomaten, kräftigen Eintöpfen, Schmorgemüse, Kartoffeln und Pilzen.
**Würzen:** Meeresfrüchte, gebratene Fische und Wurst, Schwein, Hackfleisch, Hähnchen, Kaninchen und Innereien.

**Lorbeer:** Frisch schmecken die Blätter herb-aromatisch und milder al getrocknete. Im Ganzen verwenden und später entfernen oder klein geschnitten zugeben.
**Passt zu:** Suppen und Eintöpfen, Schmalz und gekochtem Fisch, Kalb, Wild und Innereien.

**Liebstöckel:** Es heißt auch »Maggikraut« wegen seinem intensiver Duft nach Suppenkraut mit einem Hauch Zitrone. Zum Würzen genügen 1–3 Blätter. Er wird meist mitgekocht.
**Passt zu:** deftigen Suppe und Eintöpfen, Tafelspitz Kalb, Geflügel, gekochtem Fisch und Forelle, behutsam dosiert auch an Salate.

# Wilde und Salat-Kräuter

**Rucola:** Das Salatkraut besticht durch seinen frischen, senfähnlichen Geschmack und sein zartes Nussaroma. Wilder Rucola mit dünnen, gezackten Blättern schmeckt schärfer als der breite kultivierte. Durch Blanchieren wird er milder.
**Passt zu:** Rohkost, Salaten, Suppen, Pasta, Risotto. Ideal zu Tomaten, Möhren und Quark.

**Bärlauch:** Man sammelt ihn von März bis Mai in Parks und Laubwäldern oder kauft ihn. Er ist leicht mit den giftigen Maiglöckchenblättern zu verwechseln – achten Sie beim Pflücken auf den typischen Knoblauchgeruch!
**Passt zu:** Saucen, Suppen, Salaten, Spargel, Gemüse, Kartoffeln. Als Kräuterbutter zu Fisch, Fleisch, Gratins; in Pesto, Quark und aufs Butterbrot.

**Sauerampfer:** Das Frühlingskraut schmeckt jung und zart am besten. Es wächst auf feuchten Wiesen, man kann es auch selber ziehen. Säuerliches, zitronenähnliches Aroma.
**Passt zu:** gemischten Salaten (Spinat!) und Grüner Sauce; in großen Mengen zu Suppen, Pürees und Gemüse – wie Spinat blanchieren.

**Löwenzahn:** Junge, zarte Blätter kann man im März und April selber sammeln oder kaufen. Sie schmecken leicht bitter, nussartig. Großblättriger, gezüchteter Löwenzahn hat ein milderes Aroma als der wilde und wird im Handel in Stauden angeboten – oft gebleicht.
**Passt zu:** frischen Salaten, Speck, Eierspeisen und Gemüse.

**Gartenkresse:** Man kann sie ganzjährig auf dem Beet kaufen oder selber ziehen. Kräftig-würziges, pikantes Aroma – sparsam würzen.

**Brunnenkresse:** Sie wächst wild im Wasser, ist dort aber nur noch selten zu finden. Gibt es von März bis Mai und im Herbst auf dem Markt. Im Geschmack erinnert sie an Rettich – scharf-würzig, manchmal etwas bitter.

**Kapuzinerkresse:** Blätter und Blüten sind essbar und zieren feine Speisen. Frisch fein gehackt verleiht sie ein pfeffrig-scharfes Aroma.

**Passen zu:** frischen Salaten, Kräutersaucen und -suppen, Quark- und Eierspeisen.

**Brennnessel:** Junge, zarte Blätter kann man im Mai und Juni sammeln. Von älteren Blättern sind nur die hellgrünen Spitzen genießbar. Wegen der feinen Härchen beim Sammeln unbedingt Handschuhe tragen! Brennnesseln vor dem Verzehr kurz erhitzen, damit sie nicht brennen. Sie schmecken kräftig bis herb.
**Passt zu:** Suppe, Salat, Quark und Käse oder als Gemüse wie Spinat.

**Waldmeister:** Sie können ihn im Mai in Laubwäldern sammeln (vor der Blüte!) oder mit Glück auf dem Markt finden. Das duftende Kraut etwas antrocknen lassen.
**Passt zu:** Desserts oder Mai-Bowle: in trockenem Weißwein 10 Min. ziehen lassen, mit Sekt aufgießen.

# Kräuterbutter

Die Kräuterbutter hat ein fein säuerliches Aroma, das besonders gut zu dunklem Fleisch oder Fisch passt. Man kann sie außerdem aufs Brot streichen, zu Pellkartoffeln, Gemüse oder Reis servieren. Die Kräuter – es sollten 50 g sein – können Sie nach Belieben variieren, also ein Kräutlein weglassen oder zufügen, z. B. Bärlauch, Estragon, Dill, Liebstöckel oder Oregano.

## Zutaten

FÜR 4–6 PERSONEN

- **200 g weiche Butter**
- **1 TL Zitronensaft**
- **Salz | Pfeffer**
- **1/2 Bund Schnittlauch**
- **1/2 Bund Petersilie**
- **6 Basilikumblätter**
- **1 TL Thymianblätter**

TIPPS

**Mehr Würze**

➤ Wer es lieber pikanter mag, rührt noch 1 winzig klein gewürfelte Schalotte und 1 zerdrückte Knoblauchzehe unter. Oder verfeinert die Butter mit 2 TL fein gehackten Kapern.

➤ Farbig wird die Butter mit 1 TL edelsüßem Paprika oder Curry.

➤ Nussig schmeckt sie mit 2 EL Sesamsamen oder gemahlenen Mandeln, beide geröstet.

1 *Butter mit einem Schneebesen verrühren, bis sie glatt, aber nicht schaumig ist. Zitronensaft, Salz und Pfeffer untermischen.*

2 *Kräuter abbrausen, trockenschütteln und gut abtrocknen. Schnittlauch in Röllchen schneiden, übrige Kräuter fein hacken.*

3 *Kräuter mit einer Gabel unter die Butter mischen. Mit Pergamentpapier zur Rolle formen. Einwickeln und 1 Std. im Kühlschrank fest werden lassen.*

# Kräuter-Desserts und -Drinks

**Erdbeeren mit Waldmeister-Zabaione:** Je 1/8 l Weißwein und Wasser aufkochen, 1 Bund Waldmeister darin 10 Min. ziehen lassen. Sud durch ein Sieb gießen und bei starker Hitze in 10 Min. um die Hälfte einkochen lassen. 600 g Erdbeeren waschen, entkelchen und halbieren, mit 1 EL Zitronensaft beträufeln. 3 Eigelbe mit 75 g Zucker gut verrühren, Waldmeistersud dazugießen und im heißen Wasserbad schaumig aufschlagen. Erdbeeren anrichten, mit der Zabaione überziehen und mit einigen Waldmeisterblättchen garnieren. Die Beeren sofort servieren.

**Salbei-Beignets mit Aprikosensauce:** 125 g Mehl mit 1 Eigelb, 100 ml Cidre, 6 EL Milch, 2 EL Öl und 1 Prise Salz glatt rühren und 15 Min. quellen lassen. Dann 2 Eiweiße steif schlagen und unterheben. 500 g Aprikosen überbrühen, abschrecken, häuten, entsteinen und mit 2 EL Puderzucker und 1 EL Zitronensaft pürieren. Die Blätter von 6–8 frischen Salbeizweigen abzupfen, kurze Stiele stehen lassen. Öl zum Frittieren (170°) erhitzen. Salbeiblätter in den Teig tauchen und im heißen Fett in 3–4 Min. goldgelb ausbacken. Mit Puderzucker bestäuben. Aprikosensauce dazureichen.

**Minzeis auf Himbeersauce:** 1 Bund Pfefferminze abbrausen, trockenschütteln, Blätter abzupfen, grob hacken und mit 100 g kalter Milch im Mixer pürieren. 4 EL Zucker (intensiver wird's mit Pfefferminz-Sirup) und 1 EL Limettensaft zufügen. 200 g Sahne und 1 Eiweiß getrennt steif schlagen, unterheben. Masse im Gefrierfach (4 Std.) oder in der Eismaschine (30–40 Min.) durchfrieren lassen. Vor dem Servieren 250 g Himbeeren mit je 1 EL Puderzucker und Limettensaft pürieren, durch ein Sieb streichen. Eis portionieren, auf der Himbeersauce anrichten und mit Minze garnieren.

**Mango-Basilikum-Smoothie:** 1 große reife Mango schälen und würfeln. Im Gefrierfach 30 Min. anfrieren lassen. Mit 1 Hand voll Basilikumblättern, 4 TL Zucker, 300 ml kaltem Orangensaft und 8 EL Limettensaft im Mixer fein pürieren. 12 EL gestoßenes Eis zufügen, alles durchmixen.

**Kräuter-Lassi:** 100 g Kräuter (z. B. Kerbel, Petersilie, Estragon, Kresse) waschen, abzupfen und hacken. Mit 500 g Joghurt und 4 EL Zitronensaft im Mixer fein pürieren. 400 ml kaltes Mineralwasser, Salz und Pfeffer hinzufügen und alles mischen.

# Salate und Snacks

Nach Knoblauch duftender Bärlauch aus dem Wald, saurer Ampfer von der Wiese oder zarte Kresse und Rucola vom Gemüsehändler – Kräuter sind die pure Wonne für Genießer. Strotzend vor Vitaminen und voller Aroma bringen sie in vielen Salaten und Snacks frische Würze auf den Tisch. So verleiht etwa Löwenzahn dem Wildkräuter-Salat eine unverwechselbar herbe Note. Der Sprossensalat überrascht mit asiatischem Koriandergrün. Und die Frischkäsetorte wäre ohne Dill und Schnittlauch geschmacklich nur die Hälfte wert.

# Blitzrezepte

## Sprossensalat mit Koriander

FÜR 4 PERSONEN

➤ **250 g Mungobohnensprossen | 1 gelbe Paprikaschote | 150 g Staudensellerie 1 Bund Koriandergrün | 2 EL Essig 2 EL helle Sojasauce | Salz | Pfeffer 2 TL Sesamöl | 4 EL Öl | 1 EL Sesamsamen**

**1** | Sprossen abbrausen und abtropfen lassen. Gemüse waschen und putzen. Paprika vierteln und in dünne Streifen, Sellerie in feine Scheiben schneiden. Koriandergrün waschen, abtrocknen, Blätter grob hacken.

**2** | Essig, Sojasauce, Salz, Pfeffer, Sesamöl und Öl verquirlen. Gemüse und Koriander darin wenden. Sesam in einer trockenen Pfanne anrösten, aufstreuen.

## Röstbrote mit Rucolaquark

FÜR 4 PERSONEN

➤ **250 g Magerquark | 50 g Ziegenfrischkäse | 100 ml Milch | 1 EL Zitronensaft 1 Knoblauchzehe | 75 g Rucola | Salz 2 EL Pinienkerne | 4 Scheiben Bauernbrot | 2 EL Olivenöl | Pfeffer**

**1** | Quark, Käse, Milch und Zitronensaft verrühren. Knoblauch schälen und dazupressen. Rucola waschen, abtrocknen, fein hacken (ein paar Blätter aufheben). Untermischen, salzen. Pinienkerne rösten.

**2** | Brote halbieren, rösten. Öl darauf träufeln, Quark aufstreichen. Mit Pinienkernen und Rucola anrichten, pfeffern.

gelingt leicht | schnell

## Bohnensalat mit Bärlauch

FÜR 4 PERSONEN

- **150 g grüne Bohnen | Salz**
  **1 Dose weiße Bohnen (250 g Abtropfgewicht)**
  **200 g kleine Tomaten**
  **50 g Bärlauch**
  **30 g Rucola**
  **2 Frühlingszwiebeln**
  **3 EL Rotweinessig**
  **Pfeffer | 5 EL Olivenöl**
  **1 kleine Knoblauchzehe**

Zubereitung: 35 Min.
- Pro Portion ca.: 200 kcal

1 | Die grünen Bohnen putzen, waschen und halbieren. In kochendem Salzwasser in 7–8 Min. bissfest garen. Herausnehmen, abschrecken und gut abtropfen lassen.

2 | Die weißen Bohnen in einem Sieb abgießen, kalt abbrausen und abtropfen lassen. Tomaten, Bärlauch, Rucola und Frühlingszwiebeln waschen. Tomaten vierteln. Kräuter putzen, trockenschütteln und grob zerschneiden. Zwiebeln putzen und in feine Ringe schneiden.

3 | Essig, Salz, Pfeffer und Öl verquirlen. Knoblauch schälen und dazupressen. Grüne und weiße Bohnen, Tomaten, Bärlauch, Rucola und Zwiebeln darin wenden. 10 Min. durchziehen lassen, kräftig abschmecken.

für Gäste

## Wildkräuter-Salat mit Garnelen

FÜR 4 PERSONEN

- **200 g rohe geschälte Riesengarnelen**
  **4 EL Olivenöl**
  **2 EL Zitronensaft**
  **Salz | Pfeffer**
  **1 Bund Radieschen**
  **150 g Lollo rosso**
  **100 g Löwenzahn**
  **50 g Sauerampfer**
  **2 EL Weißweinessig**
  **1 TL Honig**
  **1 TL Dijon-Senf**
  **100 g Crème fraîche**

Zubereitung: 45 Min.
- Pro Portion ca.: 265 kcal

1 | Garnelen abbrausen und trockentupfen. 1 EL Öl in einer Pfanne erhitzen, Garnelen darin bei starker Hitze in 1–2 Min. rundum anbraten. Herausnehmen, mit Zitronensaft beträufeln. Salzen und pfeffern.

2 | Radieschen waschen, putzen und abtrocknen. Radieschen in dünne Scheiben schneiden. Lollo rosso, Löwenzahn und Sauerampfer waschen, putzen, trockenschütteln und in Stücke teilen. Vom Sauerampfer die Stiele abknipsen und grob zerschneiden.

3 | Essig, Salz, Pfeffer, Honig, Senf und übriges Öl verrühren. Salat, Kräuter und Radieschen darin wenden, auf vier Tellern anrichten. Garnelen darauf verteilen, mit der Marinade beträufeln. Je 1 Klecks Crème fraîche darauf geben.

- Variante: Dekorativ sind Gänseblümchen im Salat. Eine Hand voll gründlich waschen, trockenschwenken und unterheben.
- Getränk: ein leichter Weißwein



*im Bild vorne:* **Bohnensalat mit Bärlauch** *im Bild hinten:* **Wildkräuter-Salat mit Garnelen**

orientalisch | schnell

## Petersiliensalat

FÜR 4 PERSONEN

- 1/2 Zitrone
  Salz | Pfeffer
  1/2 TL gemahlener Kreuzkümmel
  4 EL Olivenöl
  1 reife Avocado
  4 Tomaten
  3 Frühlingszwiebeln
  2 Bund glatte Petersilie
  3 Zweige frische Minze
  300 g Salatgurke
  200 g Sahnejoghurt

Zubereitung: 30 Min.
Pro Portion ca.: 225 kcal

1 | Zitrone auspressen, Saft mit Salz, Pfeffer, Kreuzkümmel und Öl gründlich verquirlen. Die Avocado schälen, längs halbieren und entsteinen, dann würfeln. Sofort im Dressing wenden, damit sie nicht dunkel wird.

2 | Tomaten, Frühlingszwiebeln und Kräuter waschen und trocknen. Blättchen abzupfen und grob hacken. 1 EL Kräuter zum Garnieren abnehmen. Gurke schälen und mit Tomaten klein würfeln. Zwiebeln putzen und in feine Ringe schneiden. Alles mit Avocado und Sauce mischen, mit Salz und Pfeffer abschmecken.

3 | Den Salat anrichten. Joghurt cremig rühren und in Klecksen darauf geben. Mit gehackten Kräutern bestreuen.

➤ Beilage: Fladenbrot

gut vorzubereiten

## Mariniertes Frühlingsgemüse

FÜR 4 PERSONEN

- 200 g TK-Erbsen
  150 g Zuckerschoten
  250 g grüner Spargel
  250 g kleine Bundmöhren
  Salz | 4 EL Weißweinessig
  Pfeffer
  3 EL Olivenöl
  1 Bund Basilikum
  2 EL Sahne
  150 g saure Sahne

Zubereitung: 30 Min.
Marinierzeit: 2 Std.
Pro Portion ca.: 225 kcal

1 | Erbsen antauen lassen. Zuckerschoten waschen und putzen, Spargel putzen, im unteren Drittel schälen und einmal halbieren. Möhren waschen, schälen und das Grün bis auf einen kleinen Stielansatz entfernen.

2 | Salzwasser aufkochen lassen. Gemüse darin 3–4 Min. blanchieren. 6 EL Kochwasser abnehmen. Gemüse herausheben, abschrecken und abtropfen lassen. 2 EL Erbsen abnehmen.

3 | Essig, Kochsud, Salz, Pfeffer und Öl verrühren, über das Gemüse träufeln und 2 Std. marinieren.

4 | Basilikumblätter sauber reiben und bis auf ein paar grob hacken. Mit den abgenommenen Erbsen und der Sahne pürieren, saure Sahne unterrühren. Mit Salz und Pfeffer würzen. Gemüse anrichten, Sauce teilweise darüber ziehen. Mit Basilikum garnieren.

➤ Variante: Sauerampfer statt Basilikum gibt dem Dressing eine betont fein-säuerliche Note.



*im Bild vorne:* **Mariniertes Frühlingsgemüse** *im Bild hinten:* **Petersiliensalat** ➤

fürs Büfett | gut vorzubereiten

# Frischkäse-Torte mit Kräutern

FÜR 1 SPRINGFORM (26 CM ∅)

- **150 g Roggenknäckebrot**
  **125 g Butter**
  **je 1 Bund Petersilie, Schnittlauch und Dill**
  **2 Frühlingszwiebeln**
  **6 Blatt weiße Gelatine**
  **1/2 unbehandelte Zitrone**
  **200 g Frischkäse mit Joghurt**
  **500 g Vollmilchjoghurt**
  **Salz | Pfeffer**
  **150 g Sahne**
  **Backpapier für die Form**

◷ Zubereitung: 40 Min.
◷ Kühlzeit: 4–5 Std.
- Bei 12 Stücken pro Portion ca.: 220 kcal

1 | Knäckebrot in einem Gefrierbeutel mit der Kuchenrolle fein zerdrücken. Den Boden der Form mit Backpapier auslegen und den Ring darauf setzen. Die Butter bei schwacher Hitze schmelzen, unter die Knäckekrümel mischen. Auf dem Boden der Form verteilen, gut andrücken und 1 Std. in den Kühlschrank stellen.

2 | Kräuter waschen, einige Zweige beiseite legen. Petersilie und Dill abzupfen und fein hacken, Schnittlauch in Röllchen schneiden. Frühlingszwiebeln waschen, putzen und in Ringe schneiden. Gelatine in kaltem Wasser einweichen.

3 | Zitrone waschen, die Schale abreiben und den Saft auspressen. Frischkäse und Joghurt mit 2 EL Zitronensaft verrühren. Kräuter, Zwiebeln und Zitronenschale untermischen. Mit Salz und Pfeffer würzen.

4 | Gelatine ausdrücken. Mit 2 EL Wasser bei schwacher Hitze unter Rühren auflösen. Unter die Käsemasse rühren, 20 Min. kalt stellen.

5 | Sahne steif schlagen und unterheben. Käsemasse auf dem Boden verteilen. Die Torte für 3–4 Std. in den Kühlschrank stellen. Vor dem Servieren mit den übrigen Kräutern garnieren.

- Variante:

**Kräuter-Schmand-Torte**

Hierfür einen Vollkornboden backen: Je 120 g Dinkelvollkornmehl und Weizenmehl (Type 550) mit 1/2 TL Salz, 100 g kalter Butter in Stücken und 1 Ei glatt verkneten. Die gefettete Springform damit auskleiden, den Rand 2–3 cm hochdrücken. Mehrmals einstechen und 30 Min. kalt stellen. Im vorgeheizten Backofen bei 200° (Mitte, Umluft 180°) 10–18 Min. backen. Abkühlen lassen. Für die Füllung 400 g Schmand oder saure Sahne mit 2 EL Zitronensaft verrühren. 1 Bund Kräuter für grüne Sauce (etwa 160 g) fein hacken, mit 2 EL fein geriebenen Walnüssen, Gelatine und Gewürzen wie im Rezept beschrieben unterrühren. 200 g Sahne steif schlagen und unterheben. Auf dem Boden verteilen und 3–4 Std. kalt stellen.

für Gourmets

## Brennnessel-Käse auf Kressesalat

FÜR 4 PERSONEN

- 100 g junge frische Brennnesseln
- Salz | 1 Knoblauchzehe
- 500 g Magerquark
- 100 g Manouri (frischer griechischer Schafkäse)
- Pfeffer
- 100 g Brunnen- oder Kapuzinerkresse
- 1 zarter Kohlrabi
- 1 kleiner Apfel
- 4 EL rosa Grapefruitsaft
- 2 EL Öl

Zubereitung: 45 Min.
Kühlzeit: 1 Std.
Pro Portion ca.: 200 kcal

1 | Die Brennnesseln verlesen und in kochendem Salzwasser 1 Min. blanchieren. Abgießen, abtropfen lassen, ausdrücken und fein hacken. Knoblauch schälen und zerdrücken.

2 | Quark portionsweise in einem Tuch fest ausdrücken. Schafkäse mit einer Gabel zerdrücken. Beides mit Brennnesseln und Knoblauch mischen, salzen und pfeffern. 1 Std. kalt stellen.

3 | Kresse waschen, trockenschütteln und grobe Stiele abzwicken. Kohlrabi schälen und in feine Streifen schneiden. Apfel waschen, entkernen und klein würfeln. Grapefruitsaft, Salz, Pfeffer und Öl verrühren. Kresse, Kohlrabi und Apfel darin wenden.

4 | Von der Käsemasse mit zwei angefeuchteten Esslöffeln Nocken abstechen, auf dem Salat anrichten. Mit Pfeffer übermahlen.

schmeckt auch kalt

## Überbackene Paprika

FÜR 4 PERSONEN

- 750 g rote Paprikaschoten
- 4 Zweige Bohnenkraut
- 2 Knoblauchzehen
- 12 entsteinte schwarze Oliven
- 200 g Feta
- 7 EL Olivenöl
- 2 EL kleine Kapern
- Salz | Pfeffer
- 2 EL Weißweinessig

Zubereitung: 30 Min.
Pro Portion ca.: 310 kcal

1 | Paprika und Bohnenkraut waschen. Paprika längs halbieren, putzen und in 2 cm breite Streifen teilen. Bohnenkraut trockenschütteln und die Blätter abzupfen. Knoblauch schälen und in dünne Scheiben schneiden. Oliven halbieren. Käse in 1/2 cm dicke Scheiben schneiden.

2 | Den Grill des Backofens vorheizen. Eine ofenfeste Form mit 1 EL Öl ausstreichen, Paprika hineinlegen, Knoblauch, Bohnenkraut, Oliven und Kapern darüber geben, mit 2 EL Olivenöl beträufeln, salzen und pfeffern. Paprika 5 Min. grillen, dann mit dem Käse belegen und mit 1 EL Öl beträufeln. In 4–5 Min. goldbraun backen.

3 | Essig, Salz, Pfeffer und 3 EL Öl verrühren. Die Sauce über die Paprikaschoten träufeln.

Beilage: Kräuter-Baguette



*im Bild vorne:* **Brennnessel-Käse auf Kressesalat** *im Bild hinten:* **Überbackene Paprika**

# Suppen, Saucen und Gemüse

Nichts gegen Petersilie, Schnittlauch und Dill – sie gehören auf jeden Fall dazu! Experimentieren Sie aber mal mit beinahe vergessenen Kräutern wie Liebstöckel, Borretsch und Pimpernelle und lassen Sie sie in Kerbelcremesuppe, Gemüseeintopf und Grüner Sauce wieder aufleben. Basilikum im Pesto, Petersilie in der Salsa verde, Zuchtkresse zum Kohlrabi – freuen Sie sich auf überaus aromatische Solisten in Suppen, Saucen und mit Gemüse!

# Blitzrezepte

## Gemüsetopf mit Liebstöckel

FÜR 4 PERSONEN

➤ 1 1/4 l Gemüsebrühe | 1 Zweig Liebstöckel | 600 g TK-Suppengemüse 2 Tomaten | 120 g Fadennudeln 3 TL Pesto (Glas) | Salz | Pfeffer 2 EL geriebener Gruyère-Käse

1 | Brühe aufkochen lassen. Liebstöckel waschen, abtrocknen, 4 Blätter zerzupfen. Mit dem gefrorenen Gemüse in die Brühe geben. Zugedeckt 10 Min. köcheln lassen.

2 | Tomaten überbrühen, häuten, entkernen und würfeln. Mit den Nudeln in die Suppe geben, 5 Min. kochen lassen. Mit Pesto, Salz und Pfeffer würzen. Käse aufstreuen. Mit Liebstöckel garnieren.

## Kohlrabi mit Kresseremoulade

FÜR 4 PERSONEN

➤ 750 g Kohlrabi | 600 g kleine neue Kartoffeln | 40 g Butter | 1/4 l Gemüsefond (Glas) | Salz | Pfeffer | 200 g Joghurt-Salatmayonnaise | 1 TL Sardellenpaste | 2 Cornichons | 1 Beet Kresse

1 | Kohlrabi putzen, schälen und in Spalten schneiden. Kartoffeln waschen und ungeschält vierteln. Butter zerlassen, Gemüse darin kurz andünsten. Fond angießen, salzen und pfeffern. Zugedeckt 15 Min. köcheln lassen.

2 | Mayonnaise, Sardellenpaste, Salz und Pfeffer verrühren. Cornichons würfeln, Kresse vom Beet schneiden, zwei Drittel unterheben. Mit übriger Kresse garnieren.

Klassiker

## Kerbelcreme-suppe

FÜR 4 PERSONEN

- **100 g frischer Kerbel**
- **1 Schalotte**
- **300 g mehlig kochende Kartoffeln**
- **1/2 l Gemüsebrühe**
- **1 EL Butter**
- **200 g Sahne**
- **Salz | Pfeffer**
- **Muskatnuss, frisch gerieben**

Zubereitung: 50 Min.

➤ Pro Portion ca.: 245 kcal

1 | Kerbel waschen, trockenschwenken, Blättchen abzupfen und Stiele grob hacken. Schalotte schälen und fein hacken. Kartoffeln schälen und würfeln.

2 | Gemüsebrühe erhitzen. In einem anderen Topf 1 EL Butter erhitzen. Schalotte und Kerbelstiele darin bei mittlerer Hitze 2–3 Min. dünsten. Kartoffeln und die heiße Brühe hinzufügen, aufkochen und zugedeckt 10 Min. köcheln lassen.

3 | Vom Herd nehmen, 1 Schöpfkelle Brühe in den Mixer füllen. Die Suppe im Topf fein pürieren. Sahne zugießen, aufkochen und 10 Min. köcheln lassen. Mit Salz, Pfeffer und Muskat abschmecken.

4 | Kerbelblättchen mit der Brühe im Mixer fein pürieren, in die Suppe rühren und einige Min. ziehen lassen.

➤ Dazu passen: Croûtons

gelingt leicht

## Majoran-Tomatensuppe

FÜR 4 PERSONEN

- **1 1/2 kg reife Tomaten**
- **1 rote Paprikaschote**
- **1 Zwiebel**
- **1/2 Bund Majoran**
- **2 EL Butter**
- **5 schwarze Pfefferkörner**
- **1 Lorbeerblatt**
- **1/8 l Gemüsebrühe**
- **100 g Sahne**
- **Salz | Pfeffer**
- **1 kleine Dose Maiskörner (135 g)**

Zubereitung: 1 Std.

➤ Pro Portion ca.: 195 kcal

1 | Die Tomaten waschen und vierteln. Paprika waschen, putzen und klein würfeln. Zwiebel schälen und fein hacken. Majoran waschen, abtrocknen, Blätter abstreifen und hacken.

2 | Butter schmelzen, Zwiebel und Paprika darin andünsten. Tomaten, Majoran, Pfefferkörner und Lorbeer dazugeben, Brühe angießen. Aufkochen und zugedeckt 20 Min. köcheln lassen. Lorbeer entfernen.

3 | Suppe pürieren und durch ein Sieb streichen. Sahne unterrühren, aufkochen lassen, salzen und pfeffern. Mais abtropfen lassen, in die Suppe geben und knapp erhitzen.

➤ Variante: Statt Majoran können Sie für die Suppe ebenso gut seinen »wilden« Verwandten, den Oregano, verwenden.

➤ Getränke: fruchtiger Rotwein, z.B. ein Chianti classico

Spezialität aus Thailand

## Scharfe Zitrusbrühe

FÜR 4 PERSONEN

- **200 g Hähnchenbrustfilet**
- **2 Stängel Zitronengras**
- **3 Kaffir-Limettenblätter**
- **2–3 rote Chilischoten**
- **4 Frühlingszwiebeln**
- **100 g zarter Blattspinat**
- **1 l Hühnerbrühe**
- **2 EL Fischsauce**
- **3–4 EL Zitronensaft**
- **Salz | Pfeffer**
- **1/2 Bund Koriandergrün**

Zubereitung: 25 Min.
Pro Portion ca.: 130 kcal

1 | Fleisch in feine Streifen schneiden. Vom Zitronengras die Hüllblätter entfernen, die unteren 10 cm klein würfeln. Limettenblätter in feine Streifen schneiden. Chilis putzen, sehr klein würfeln. Zwiebeln waschen, putzen und fein schneiden. Spinat waschen und putzen.

2 | Brühe mit Fischsauce, Chilis, Zitronengras und Limettenblätternblättern aufkochen, Fleisch 3–4 Min. mitköcheln lassen. Suppe mit Zitronensaft, Salz und Pfeffer würzen. Spinat und Zwiebeln darin 1 Min. ziehen lassen.

3 | Koriandergrün abbrausen, trockenschütteln, Blätter abzupfen und aufstreuen.

für Gourmets

## Fischsuppe mit Safran

FÜR 4 PERSONEN

- **2 Zwiebeln | 3 Möhren**
- **130 g Knollensellerie**
- **1 Stange Lauch**
- **300 g Kartoffeln**
- **100 g Butter**
- **Salz | Pfeffer**
- **1 Döschen Safran (1 g)**
- **400 ml Fischfond (Glas)**
- **1 Bouquet garni (s. Seite 4)**
- **900 g Meeresfrüchte und Fisch (rohe Garnelen, Miesmuscheln, Tintenfische, Kabeljaufilet)**

Zubereitung: 45 Min.
Pro Portion ca.: 445 kcal

1 | Zwiebeln, Möhren und Sellerie schälen und klein würfeln. Lauch waschen, putzen und in dünne Ringe schneiden. Kartoffeln schälen und würfeln.

2 | 30 g Butter erhitzen, Zwiebeln darin glasig dünsten. Gemüse, Kartoffeln, Salz, Pfeffer und Safran unterrühren, kurz andünsten. Fond, 1/2 l Wasser und Kräuterstrauß zufügen. Aufkochen und 15 Min. köcheln lassen.

3 | Meeresfrüchte abbrausen, trockentupfen, Fisch in Stücke schneiden. In der Suppe 5 Min. ziehen lassen.

4 | Bouquet garni entfernen, Fisch und Meeresfrüchte herausheben, auf tiefen Tellern anrichten. Übrige Butter in Flocken unter den Fond schlagen, abschmecken. Über die Meeresfrüchten geben.

TIPP

### Gremolata

Die Schale von 1 unbehandelten Zitrone fein abreiben. 1 Bund Petersilie hacken. 2 Knoblauchzehen fein würfeln. Alles mischen und auf die Suppe streuen.

*im Bild vorne:* **Scharfe Zitrusbrühe** *im Bild hinten:* **Fischsuppe mit Safran**

Klassiker | gut vorzubereiten

# Basilikum-Pesto zu Paprika-Nudeln

FÜR 4 PERSONEN

- **30 g Pinienkerne**
- **2 Bund Basilikum (ca. 75 g)**
- **2–4 Knoblauchzehen**
- **je 30 g Parmesan und Pecorino am Stück**
- **Meersalz**
- **100 ml kaltgepresstes Olivenöl | Pfeffer**
- **je 1 rote, gelbe und grüne Paprikaschote**
- **400 g Trenette oder Spaghetti**

Zubereitung: 40 Min.

Pro Portion ca.: 650 kcal

1 | Die Pinienkerne in einer Pfanne ohne Fett hellgelb rösten und abkühlen lassen.

2 | Basilikumblätter abzupfen und sauber reiben. Einige Blätter für die Garnitur beiseite legen. Übriges Basilikum mit einer Schere in breite Streifen schneiden. Knoblauch schälen und grob hacken, den Käse ebenso.

3 | Knoblauch, Pinienkerne, Basilikum und 1 TL Salz in einen großen Mörser geben. Alles mit dem Stößel grob zerstoßen, dabei 50 ml Öl zufügen. Nach und nach den Käse untermischen, dann das übrige Öl. Alles zu einer cremigen Paste zerreiben. Mit Salz und Pfeffer würzen.

4 | 4 l Wasser mit Salz aufkochen. Paprika waschen, vierteln, putzen und in feine Streifen schneiden. Nudeln im Salzwasser 5 Min. kochen lassen. Paprika dazugeben, mit der Pasta in 8–10 Min. bissfest garen.

5 | Pesto mit 2–3 EL Kochwasser cremig rühren. Nudeln und Paprika gut abtropfen lassen, mit dem Pesto mischen. Mit Basilikum garnieren.

**TIPP**

Schneller geht's im Mixer: Öl und alle übrigen vorbereiteten Zutaten auf niedrigster Stufe zu einer sämigen Paste mixen.

**1 Rösten**

Pinienkerne in einer trockenen Pfanne anrösten, dabei öfters wenden.

**2 Basilikum**

Mit einer Schere lässt sich Basilikum am besten streifig schneiden.

**3 Im Mörser**

Zutaten mit dem Stößel grob zerstoßen, etwas Öl zufügen.

Spezialität aus Italien

## Salsa verde zu Lachs

FÜR 4 PERSONEN

➤ **2–3 Sardellenfilets**
**1–2 Knoblauchzehen**
**1 Zwiebel | 2 EL Kapern**
**2 Bund glatte Petersilie**
**6 EL Gemüsebrühe**
**3 EL Semmelbrösel**
**2 EL Weißweinessig**
**100 ml Olivenöl**
**Pfeffer | Salz**
**4 Lachsfilets (ohne Haut und Gräten, à 150 g)**

◷ Zubereitung: 25 Min.
◷ Kühlzeit: 1 Std.
➤ Pro Portion ca.: 500 kcal

1 | Sardellenfilets abspülen, trockentupfen. Knoblauch und Zwiebel schälen, mit Kapern und Sardellen sehr fein hacken.

2 | Petersilie waschen, abtrocknen und die Blätter abzupfen. Mit der Brühe fein pürieren. Brösel, Essig und Sardellen-Zwiebel-Mix untermixen. Nach und nach 8 EL Öl einfließen lassen. Mit Pfeffer und wenig Salz abschmecken. Die Sauce mindestens 1 Std. im Kühlschrank ziehen lassen.

3 | Übriges Öl in einer Pfanne erhitzen. Lachsfilet salzen und im heißen Öl auf jeder Seite bei mittlerer Hitze 2–3 Min. braten. Salsa verde und Weißbrot dazu reichen.

**TIPP** Im italienischen Piemont isst man die grüne Sauce zu gekochtem Fleisch und Geflügel (Bollito misto).

gut vorzubereiten

## Frankfurter Grüne Sauce

FÜR 4 PERSONEN

➤ **1 Eigelb | 1 TL Senf**
**1/8 l Öl**
**200 g saure Sahne**
**200 g Joghurt**
**1 kleine Zwiebel**
**250 g gemischte Kräuter (Petersilie, Dill, Schnittlauch, Sauerampfer, Kerbel, Borretsch, Kresse, Pimpernelle, Zitronenmelisse)**
**Salz | Pfeffer | Zucker**
**1–2 EL Zitronensaft**
**2 hart gekochte Eier**

◷ Zubereitung: 35 Min.
◷ Kühlzeit: 30 Min.
➤ Pro Portion ca.: 360 kcal

1 | Eigelb und Senf verrühren. Mit dem Schneebesen schlagen und das Öl langsam dazugießen, bis die Mayonnaise hell und cremig ist. Saure Sahne und Joghurt unterrühren.

2 | Die Zwiebel schälen und sehr fein hacken. Kräuter verlesen, abbrausen und gut trockentupfen. Nicht zu fein hacken. Kräuter und Zwiebel unter die Sauce mischen, mit Salz, Pfeffer, 1 Prise Zucker und Zitronensaft abschmecken. Mindestens 30 Min. durchziehen lassen.

3 | Eier pellen, grob hacken, unter die Sauce mischen und nochmals abschmecken.

➤ Getränk: halbtrockener Weißwein aus dem Rheingau, z.B. Riesling oder Müller-Thurgau

**TIPP** Traditionell wird die Grüne Sauce mit neuen Pellkartoffeln gegessen. Sie schmeckt auch zu gekochtem Fleisch und Fisch.



*im Bild vorne:* **Salsa Verde zu Lachs** *im Bild hinten:* **Frankfurter Grüne Sauce** ➤

# Kartoffeln, Nudeln und Reis

Meist reicht eine Hand voll Kräuter, um aus Kartoffeln, Nudeln oder Reis ein kulinarisches Erlebnis zu machen: Die Kartoffel gibt sich äußerst kräuterwürzig – als Puffer mit Thymian, gebraten mit Rosmarin oder als Oregano-Gratin. Entdecken Sie den Zitronenduft von Melisse im Risotto und die Frische eines Minze-Pilaws. Oder fangen Sie die Würzkraft von Bärlauch in zarten Ravioli ein. Überzeugen Sie sich: Es gibt viele Möglichkeiten, den Kräutern das Aroma zu entlocken!

# Blitzrezepte

## Rosmarin-Bratkartoffeln

FÜR 4 PERSONEN

➤ **700 g Pellkartoffeln | 1 rote Paprikaschote | 2 Knoblauchzehen | 1 Zweig Rosmarin | 5 EL Olivenöl | Salz Pfeffer**

1 | Kartoffeln schälen und in Scheiben, Paprika waschen, putzen und in dünne Streifen schneiden. Knoblauch schälen und fein hacken. Rosmarin abbrausen, Nadeln abzupfen und hacken.

2 | Öl in einer großen schweren Pfanne erhitzen. Kartoffeln auf einer Seite bei starker Hitze 5 Min. braten, wenden. Paprika, Knoblauch und Rosmarin dazugeben, salzen und pfeffern. Weitere 5 Min. braten, ab und zu wenden. Abschmecken.

## Spaghetti mit Borretschcreme

FÜR 4 PERSONEN

➤ **250 g junge Borretschblätter | Salz 100 ml kaltgepresstes Olivenöl 400 g Spaghetti | 60 g geriebener Pecorino | Pfeffer**

1 | Borretsch waschen, trockenschütteln, grobe Stiele entfernen. Blätter in kochendem Salzwasser 2 Min. blanchieren, abgießen, abschrecken und gut abtropfen lassen. Mit dem Öl im Mixer glatt pürieren.

2 | Inzwischen Spaghetti in reichlich Salzwasser bissfest garen. Creme in einer großen Pfanne erwärmen. Käse hinzufügen, würzen. Nudeln abgießen, in der Pfanne untermischen. Mit Borretschblättchen anrichten.

vegetarisch

## Tagliatelle mit Rucola und Spargel

FÜR 4 PERSONEN

➤ **Salz | 400 g Tagliatelle**
**1 kg grüner Spargel**
**1 Bund Rucola (ca. 100 g)**
**1 kleine Knoblauchzehe**
**500 g reife Tomaten**
**5 EL Olivenöl | Pfeffer**
**50 g Butter**
**60 g geriebener Parmesan**

◷ Zubereitung: 40 Min.
➤ Pro Portion ca.: 680 kcal

1 | Reichlich Salzwasser zum Kochen bringen, die Nudeln darin bissfest garen.

2 | Inzwischen Spargel waschen, putzen, im unteren Drittel schälen und schräg in 4 cm lange Stücke schneiden. Rucola waschen, trockenschütteln und putzen. Ein Drittel beiseite legen, den Rest klein hacken. Knoblauch schälen und fein würfeln. Tomaten überbrühen, häuten, entkernen und würfeln.

3 | Das Öl in einer großen Pfanne erhitzen, Knoblauch kurz anbraten. Spargel, gehackten Rucola und Tomaten zugedeckt bei mittlerer Hitze 5–7 Min. mitdünsten. Mit Salz und Pfeffer würzen.

4 | Tagliatelle abgießen (2–3 EL Sud aufheben), abtropfen lassen, unter das Gemüse mischen und 1–2 Min. erwärmen. Nudelwasser zufügen. Übrigen Rucola zerzupfen und mit Butterflöckchen untermischen, abschmecken. Parmesan aufstreuen.

schnell | vegetarisch

## Kräuter-Nudeln auf asiatische Art

FÜR 4 PERSONEN

➤ **250 g chinesische Weizennudeln (Mie-Nudeln)**
**Salz | 2 EL Sesamöl**
**200 g Shiitake-Pilze**
**1 große rote Paprikaschote**
**1 Stück Ingwer (ca. 2 cm)**
**2 Knoblauchzehen**
**1/2 Bund Schnittknoblauch**
**1/2 Bund Thai-Basilikum (ersatzweise Basilikum)**
**4 EL Erdnussöl**
**4 EL helle Sojasauce**
**Pfeffer**

◷ Zubereitung: 25 Min.
➤ Pro Portion ca.: 520 kcal

1 | Nudeln nach Angabe in Salzwasser garen, abgießen und abtropfen lassen. Mit dem Sesamöl mischen.

2 | Pilze abreiben, Stiele entfernen, Hüte halbieren oder vierteln. Paprika waschen, putzen, vierteln und in feine Streifen schneiden. Ingwer und Knoblauch schälen und fein würfeln. Kräuter waschen, abtrocknen und grob schneiden.

3 | Im Wok oder in einer großen Pfanne 2 EL Öl erhitzen. Erst Ingwer und Knoblauch, dann Pilze und Paprika dazugeben und alles bei mittlerer Hitze 3 Min. unter Rühren braten. 2 EL Öl und Nudeln bei mittlerer Hitze 4–5 Min. mitbraten. Mit Sojasauce, Salz und Pfeffer würzen. Kräuter vor dem Servieren untermischen.

➤ Getränk: leichter frischer Weißwein aus Italien, z.B. Soave


*im Bild vorne:* **Kräuter-Nudeln auf asiatische Art** *im Bild hinten:* **Tagliatelle mit Rucola und Spargel** ➤

macht was her | für Gäste

# Bärlauch-Ravioli mit Zitronenbutter

FÜR 4–6 PERSONEN
(CA. 40 STÜCK)

- **300 g Mehl**
  **3 Eier | 2 Eigelbe**
  **Salz | 2 EL Olivenöl**
  **100 g Bärlauch**
  **250 g Ricotta**
  **50 g geriebener Parmesan**
  **2 EL Semmelbrösel**
  **Pfeffer | 100 g Butter**
  **1–2 EL Zitronensaft**
  **Mehl zum Ausrollen**

Zubereitung: 1 Std. 15 Min.
Ruhezeit: 30 Min.
- Bei 6 Personen pro Portion ca.: 525 kcal

**1** | Mehl auf die Arbeitsfläche häufen, eine Mulde eindrücken. 3 Eier, 1 TL Salz und Öl hinzufügen. Alles mit den Händen zu einem geschmeidigen Teig verkneten, bei Bedarf etwas Wasser zugießen. Zur Kugel formen und abgedeckt 30 Min. ruhen lassen.

**2** | Für die Füllung Bärlauch waschen, trockentupfen und die Stängel abzwicken. 2 Blätter beiseite legen, Rest fein hacken. Mit Ricotta, Eigelben, Parmesan und Bröseln vermengen. Salzen und pfeffern.

**3** | Teig in vier Portionen teilen. Das erste Viertel auf der bemehlten Fläche oder mit der Nudelmaschine dünn ausrollen. Darauf im Abstand von 5 cm Häufchen von der Füllung setzen. Die Teigfläche dazwischen dünn mit Wasser bestreichen. Das zweite Viertel dünn ausrollen und auf den gefüllten Teig legen. Teig rund um die Füllungen leicht andrücken. Mit einem Teigrädchen Ravioli ausschneiden. Übrigen Teig genauso füllen. Teigtaschen in kochendem Salzwasser 4–5 Min. garen, abgießen und abtropfen lassen.

**4** | Butter zerlassen, Zitronensaft einrühren, erhitzen, salzen und pfeffern. Übrigen Bärlauch in feine Streifen schneiden, einstreuen. Zitronenbutter über die Ravioli gießen.

**1 Kräftig kneten**
Der Teig ist perfekt, wenn er nicht mehr klebt.

**2 Bärlauch putzen**
Grobe Stängel entfernen, Blätter sehr fein hacken.

**3 Teig füllen**
Auf 1 Teigplatte Füllung setzen, mit zweiter abdecken.

**4 Ravioli schneiden**
Mit dem Teigrad kleine Quadrate ausradeln.

gelingt kinderleicht

## Kartoffel-Thymian-Puffer

FÜR 4 PERSONEN

- **500 g säuerliche Äpfel (z. B. Boskop)**
  **1–2 EL Zitronensaft**
  **6 große Basilikumblätter**
  **1 EL brauner Zucker**
  **Salz | Pfeffer**
  **1,2 kg vorwiegend fest kochende Kartoffeln**
  **2 Bund Thymian**
  **2 Eier**
  **1 gehäufter EL Mehl**
  **Öl oder Butterschmalz zum Braten**

Zubereitung: 1 Std.
- Pro Portion ca.: 325 kcal

1 | Äpfel waschen, vierteln, entkernen und klein schneiden. Mit Zitronensaft, Basilikum und Zucker im Mixer fein pürieren. Mit Salz und Pfeffer abschmecken.

2 | Die Kartoffeln schälen, waschen und reiben oder fein raffeln. Thymian waschen, abtrocknen und Blättchen abstreifen. Mit Eiern, Mehl, 1 TL Salz und etwas Pfeffer unter die Kartoffeln rühren.

3 | In einer großen Pfanne 2–3 EL Fett erhitzen, je Puffer 1 EL Teig hineingeben und glatt streichen. Von jeder Seite bei mittlerer Hitze in 4–5 Min. goldbraun braten. Auf Küchenpapier kurz abtropfen lassen. Im Ofen bei 70° (Umluft 50°) warm halten, bis alle Puffer fertig sind. Mit dem Apfeldip servieren.

preiswert

## Gratinierte Oregano-Kartoffeln

FÜR 4 PERSONEN

- **700 g kleine fest kochende Kartoffeln**
  **Salz | 500 g Tomaten**
  **125 g Mozzarella**
  **2 Knoblauchzehen**
  **1 Bund Petersilie**
  **1/2 Bund Oregano**
  **2 EL Olivenöl**
  **100 g Sahne | Pfeffer**
  **1 EL Butter**

Zubereitung: 45 Min.
Backzeit: 20 Min.
- Pro Portion ca.: 325 kcal

1 | Kartoffeln waschen, in Salzwasser eben gar kochen, dann abgießen, pellen und in Scheiben schneiden.

2 | Tomaten waschen und mit dem Mozzarella in Scheiben schneiden. Knoblauch schälen. Petersilie und Oregano waschen, trockenschütteln, Blätter abzupfen und grob hacken.

3 | Backofen auf 220° vorheizen. Öl in einer Pfanne erhitzen, Knoblauch dazupressen und Kräuter einrühren. Im Fett kurz schwenken, salzen und pfeffern. Sahne angießen, einmal aufkochen lassen.

4 | Kartoffeln, Tomaten und Mozzarella in eine flache feuerfeste Form schichten, jede Lage salzen und pfeffern. Kräutersahne darüber geben. Mit Butterflöckchen belegen. Gratin im Ofen (unten, ohne Umluft) in 20 Min. leicht bräunen.

- Beilage: italienisches Landbrot


*im Bild vorne:* **Gratinierte Oregano-Kartoffeln** *im Bild hinten:* **Kartoffel-Thymian-Puffer**

für Gourmets

## Risotto mit Zitronenmelisse

FÜR 4 PERSONEN

- 800 ml Hühnerbrühe
- 3 Schalotten
- 2 EL Olivenöl | 2 EL Butter
- 250 g Risottoreis
- je 1/2 Bund Zitronenmelisse und Basilikum
- 150 g Sahne
- 2 EL geriebener Parmesan
- Schale und Saft von 1/2 unbehandelten Zitrone
- Salz | Pfeffer

Zubereitung: 45 Min.

Pro Portion ca.: 485 kcal

1 | Brühe erhitzen und heiß halten. Schalotten schälen und fein würfeln. Öl mit Butter erhitzen. Schalotten darin glasig braten. Reis einstreuen und bei schwacher Hitze im heißen Fett wenden. 1/4 l Brühe angießen, unter Rühren verdampfen lassen. Immer wieder wenig Brühe nachgießen und einköcheln lassen – das dauert ca. 30 Min.

2 | Die Kräuter waschen, abtrocknen (ein Viertel zum Garnieren beiseite legen). Kräuter fein hacken.

3 | Sahne, Parmesan, die gehackten Kräuter, Zitronensaft und -schale unter das fertige Risotto rühren. Salzen und pfeffern, mit den übrigen Kräutern bestreuen.

Beilage: Serranoschinken

orientalisch

## Gemüse-Minze-Pilaw

FÜR 4 PERSONEN

- 2 Möhren
- 1 Aubergine (ca. 300 g)
- 2 kleine Zwiebeln
- 2 Knoblauchzehen
- 6 EL Olivenöl
- 2 EL Pistazienkerne
- 300 g Langkornreis
- 600–700 ml Gemüsebrühe
- 2–3 getrocknete Chilischoten (nach Geschmack)
- 1 TL gemahlener Kreuzkümmel
- Salz | Pfeffer
- je 1 Bund Minze und Petersilie

Zubereitung: 50 Min.

Pro Portion ca.: 485 kcal

1 | Möhren schälen und in dünne Scheiben schneiden. Aubergine waschen, längs vierteln, in Scheiben schneiden. Zwiebeln und Knoblauch schälen, fein würfeln.

2 | In einem breiten Topf 3 EL Öl erhitzen, Zwiebeln und Knoblauch darin goldgelb braten. Pistazien kurz anrösten. 3 EL Öl dazugeben, erhitzen, Möhren und Auberginen unter Wenden 3 Min. mitbraten.

3 | Reis einrühren und 1 Min. glasig braten. 600 ml Brühe angießen, Chilis, Kreuzkümmel, Salz und Pfeffer zufügen. Aufkochen, dann zugedeckt 20–25 Min. köcheln lassen, eventuell Brühe nachgießen.

4 | Kräuter waschen, abtrocknen, Blätter abzupfen, fein hacken. Unter den Reis mischen, nochmal abschmecken.

Variante: Für eine betont arabische Note den Reis zusätzlich mit 1 Msp. Zimt- und Nelkenpulver sowie gemahlenem Kardamom würzen.



*im Bild vorne:* **Gemüse-Minze-Pilaw** *im Bild hinten:* **Risotto mit Zitronenmelisse**

# Fleisch und Fisch

Viele Gerichte leben von der Kräuterfrische: Putenfilet mit Koriander zum Beispiel und gebeizter Dill-Lachs. Andere Kräuter entfalten erst mit Hitze und Fett das volle Aroma: Rosmarin, Thymian und Salbei, auch Bohnenkraut und Majoran. Sie verleihen deftigem Fleisch, zartem Geflügel und Fisch eine unverkennbar mediterrane Note. Wie das duftet, wenn sich die Scholle mit Salbei einlässt, Rosmarinzweige im Schweinebraten auftauchen und die Kräuterkruste vom Roastbeef bröckelt!

# Blitzrezepte

## Rumpsteaks auf Bohnenkraut

FÜR 2 PERSONEN

➤ **2 Tomaten | 2 TL geriebener Parmesan 2 EL Olivenöl | 2 Rumpsteaks (à ca. 200 g) | Salz | Pfeffer | 4 Zweige Bohnenkraut | 2 Scheiben Kräuterbutter (s. Seite 10)**

1 | Tomaten waschen, auf der runden Seite kreuzweise einritzen. Mit Parmesan bestreuen.

2 | Öl stark erhitzen. Steaks darin pro Seite 2–3 Min. braten. Herausnehmen, würzen. Bohnenkraut in der Pfanne verteilen, Fleisch und Tomaten darauf legen. Zugedeckt bei ganz schwacher Hitze 4 Min. ziehen lassen, nach 2 Min. wenden. Kräuterbutter dazugeben.

## Kabeljau in Estragon-Gurken-Sahne

FÜR 4 PERSONEN

➤ **750 g Schmorgurken | 2 Schalotten 2 EL Butter | 2 TL Mehl | 1/8 l Hühnerbrühe | 150 g Crème fraîche | Salz Pfeffer | 600 g Kabeljaufilet | 4 Zweige Estragon**

1 | Gurken schälen, längs halbieren, entkernen, in Scheiben schneiden. Schalotten pellen, fein hacken. Butter zerlassen, beides darin 3 Min. andünsten. Mit Mehl bestäuben, anschwitzen. Brühe und Crème fraîche einrühren, würzen. Zugedeckt bei schwacher Hitze 6 Min. schmoren.

2 | Fisch in Stücke schneiden. Estragon waschen, Blätter fein hacken. Beides unter die Gurken mischen, 5 Min. ziehen lassen.

macht was her

## Roastbeef mit Kräuterkruste

FÜR 4–6 PERSONEN

- **1 kg Roastbeef (ohne Knochen, mit Fettrand)**
  **Salz | Pfeffer**
  **2 EL Öl zum Braten**
  **je 1 Bund Thymian, Petersilie und Majoran**
  **6 EL Semmelbrösel**
  **6 EL Olivenöl**
  **2 Knoblauchzehen**
  **2 TL Dijon-Senf**
  **1–2 EL Zitronensaft**

Zubereitung: 1 Std.

- Bei 6 Personen pro Portion ca.: 390 kcal

1 | Die Fettschicht des Roastbeefs gitterförmig einschneiden. Fleisch mit Salz und Pfeffer einreiben. 2 EL Öl in einer Pfanne stark erhitzen, das Fleisch darin 10 Min. rundum kräftig anbraten. Herausnehmen und etwas abkühlen lassen. Backofen auf 200° vorheizen.

2 | Die Kräuter waschen, abtrocknen, abzupfen und hacken. Mit Bröseln und Olivenöl zu einer Paste verrühren. Knoblauch schälen und dazupressen. Senf untermischen. Mit Salz, Pfeffer und Zitronensaft würzen.

3 | Kräutermischung auf das Roastbeef streichen. In einen Bräter oder eine ofenfeste Pfanne legen und im Ofen (unten, Umluft 180°) 30–35 Min. garen. Fleisch herausnehmen und 7 Min. ruhen lassen. In Scheiben aufschneiden.

- Beilage: grüne Bohnen, Kräuterbutter (s. Seite 10) und gebratene Kartoffeln

gut vorzubereiten

## Lammspieße mit Lorbeer

FÜR 4 PERSONEN

- **500 g Lammfleisch (Keule)**
  **4 EL Olivenöl**
  **4 EL Rotwein**
  **1 Knoblauchzehe**
  **je 6 Thymian- und Majoranzweige**
  **3 Stängel Petersilie**
  **3 kleine weiße Zwiebeln**
  **2 rote Paprikaschoten**
  **18 frische Lorbeerblätter**
  **Salz | Pfeffer**
  **18 Schaschlikspieße**

Marinierzeit: 6–8 Std.
Zubereitung: 45 Min.

- Pro Portion: 415 kcal

1 | Das Fleisch trockentupfen und in 2 cm große Würfel schneiden. Öl und Wein verrühren, Knoblauch schälen und dazupressen. Kräuter waschen und trockenschütteln. Blätter abzupfen, fein hacken und unter die Marinade rühren. Fleisch darin 6–8 Std. (oder über Nacht) marinieren.

2 | Zwiebeln schälen und sechsteln. Paprika waschen, putzen und in 18 Stücke schneiden. Abwechselnd Zwiebeln, Paprika, Lorbeer und Fleisch auf Schaschlikspieße stecken, salzen und pfeffern. Mit der Marinade bestreichen.

3 | Die Spieße auf den Rost legen und unter dem Elektrogrill des Backofens 10–12 Min. (oder über Holzkohle 20 Min.) grillen. Zwischendurch wenden und mit der übrigen Marinade bestreichen.

- Getränk: kräftiger Rotwein aus Italien, z.B. Barbera



*im Bild vorne:* **Lammspieße mit Lorbeer** *im Bild hinten:* **Roastbeef mit Kräuterkruste**

gelingt kinderleicht

## Schweinebraten Florentiner Art

FÜR 4–6 PERSONEN

- 1,2 kg Schweinerollbraten (z. B. Nacken)
- Salz | Pfeffer
- 2 Knoblauchzehen
- 4 Rosmarinzweige
- 4 Salbeizweige
- 2 EL Olivenöl
- 2 Zwiebeln
- 1/4 l trockener Rotwein
- 400 ml Kalbsfond (Glas)
- 100 g schwarze Oliven
- 500 g Tomaten
- Küchengarn

Zubereitung: 2 Std.

Bei 6 Personen pro Portion ca.: 485 kcal

1 | Fleisch auseinander klappen, salzen und pfeffern. Knoblauch schälen, hacken, auf die Innenseite streuen, 1 Rosmarinzweig und 12 Salbeiblätter darauf legen. Fleisch aufrollen und mit Küchengarn zu einem Rollbraten wickeln, dabei übrige Rosmarin- und Salbeizweige mit einbinden.

2 | Backofen auf 180° vorheizen. Öl in einem Bräter erhitzen, Fleisch rundum 10 Min. braun anbraten. Zwiebeln schälen, in Spalten schneiden und 3 Min. mitbraten. Wein und Fond angießen, aufkochen lassen.

3 | Braten offen im Ofen (unten, ohne Umluft) 30 Min. garen. Ab und zu mit dem Sud beschöpfen. Oliven hinzufügen, 1 Std. weitergaren. Tomaten waschen, vierteln und 10 Min. vor Ende der Garzeit dazugeben. Braten 10 Min. im ausgeschalteten Ofen ruhen lassen. Garn entfernen, Fleisch in dünne Scheiben schneiden. Mit Sauce und Gemüse anrichten.

mediterran

## Zitronen-Kräuter-Hähnchen

FÜR 4 PERSONEN

- 1 1/2 kg Hähnchenschenkel und -brüste
- Salz | Pfeffer
- 800 g mehlig kochende Kartoffeln
- 500 g Zucchini
- 300 g Schalotten
- 2 Rosmarinzweige
- 1 Bund Thymian
- 1/8 l Zitronensaft
- 2 Knoblauchzehen
- 1/8 l Olivenöl
- 2 EL gehackte Petersilie

Zubereitung: 20 Min.

Garzeit: 1 Std. 15 Min.

Pro Portion ca.: 680 kcal

1 | Hähnchenteile waschen, abtrocknen, würzen. Kartoffeln schälen, längs halbieren. Zucchini waschen, putzen und in 2 cm dicke Scheiben schneiden. Schalotten schälen, große längs halbieren. Kräuter abbrausen, abtrocknen.

2 | Backofen auf 200° vorheizen. Geflügelteile auf der Fettpfanne des Ofens verteilen. Kartoffeln, Zucchini, Schalotten und Kräuter dazwischen legen. Zitronensaft mit Salz und Pfeffer verrühren. Knoblauch schälen und dazudrücken, Öl unterrühren. Die Marinade über das Geflügel träufeln.

3 | Im Ofen (Mitte, ohne Umluft) 1 Std. braten, dann bei 250° noch 10–15 Min. bräunen. Petersilie darüber streuen.



*im Bild vorne:* **Schweinebraten Florentiner Art** *im Bild hinten:* **Zitronen-Kräuter-Hähnchen**

asiatisch

## Putenstreifen mit Wirsing und Koriander

FÜR 4 PERSONEN

- **350 g Putenfilet**
- **1 große rote Paprikaschote**
- **300 g Wirsingblätter**
- **1 Bund Koriandergrün**
- **2 Knoblauchzehen**
- **200 ml Hühnerbrühe**
- **1 EL Reiswein (ersatzweise Brühe) | 2 EL Sojasauce**
- **1 TL Speisestärke**
- **Salz | Pfeffer | 5 EL Öl**

Zubereitung: 40 Min.
Pro Portion ca.: 280 kcal

1 | Fleisch in feine Scheiben schneiden. Gemüse und Koriander waschen. Paprika putzen und in Streifen schneiden. Vom Wirsing die Mittelrippen ausschneiden, Blätter in kleine Quadrate schneiden. Korianderblätter abzupfen, Stiele fein hacken. Knoblauch schälen und fein würfeln. Brühe, Reiswein, Sojasauce und Stärke verquirlen, salzen und pfeffern.

2 | Den Wok erhitzen, darin 2 EL Öl sehr heiß werden lassen. Fleisch portionsweise unter Rühren 1–2 Min. anbraten, herausnehmen, warm stellen.

3 | Übriges Öl erhitzen, Knoblauch und Korianderstiele darin kurz anbraten. Wirsing und Paprika 3 Min. unter Rühren mitbraten. Würzsauce angießen, 1–2 Min. köcheln lassen. Fleisch zugeben, abschmecken. Mit Koriandergrün bestreuen.

braucht Zeit

## Lachs in Dillbeize

FÜR 4 PERSONEN

- **2 Bund Dill**
- **1 Bund Basilikum**
- **1 unbehandelte Zitrone**
- **1 EL schwarze Pfefferkörner**
- **1 EL Korianderkörner**
- **1 EL Meersalz | 1 EL Zucker**
- **1 EL Sonnenblumenöl**
- **1 Lachsseite mit Haut (ca. 600 g; vorbestellen)**

Zubereitung: 30 Min.
Marinierzeit: 48 Std.
Pro Portion ca.: 335 kcal

1 | Kräuter waschen, trockenschütteln, Blätter abzupfen und fein hacken. Zitrone heiß waschen und die Schale ohne das Weiße in Stücken abschälen. Gewürzkörner im Mörser grob zerstoßen, mit Salz, Zucker, Öl und Kräutern mischen.

2 | Auf dem Boden einer großen, flachen Form die Hälfte der Kräuterbeize verteilen. Lachsseite mit der Haut nach unten darauf legen. Mit übriger Kräuter-Mischung und Zitronenschale bedecken. Lachs mit Folie abdecken. Ein Holzbrett darauf legen und leicht beschweren. Im Kühlschrank 48 Std. ziehen lassen. Lachs zwischendurch zweimal wenden.

3 | Den Lachs aus der Beize nehmen und schräg in dünne Scheiben schneiden.

TIPP

### Dill-Senf-Sauce

2 EL Dijon-Senf, 2 EL Essig, 1 EL Zucker und 1 Eigelb cremig rühren. 100 ml Öl langsam unterschlagen. Salzen und pfeffern, 1 EL gehackten Dill zufügen.



*im Bild vorne:* **Lachs in Dillbeize** *im Bild hinten:* **Putenstreifen mit Wirsing und Koriander**

Klassiker auf neue Art

## Salbei-Speck-Scholle

FÜR 4 PERSONEN

- **750 g Schollenfilets**
- **1 1/2 Zitronen**
- **Salz | Pfeffer**
- **3–4 EL Mehl**
- **100 g Räucherspeck**
- **8–10 frische Salbeiblätter**
- **60 g Butter**

Zubereitung: 35 Min.

➤ Pro Portion ca.: 445 kcal

1 | Die Schollenfilets trockentupfen. 1 Zitrone auspressen, darüber träufeln, mit Salz und Pfeffer würzen. Auf beiden Seiten in dem Mehl wenden. Speck fein würfeln. Salbeiblätter abreiben und in feine Streifen schneiden.

2 | Die Butter in 2 Pfannen erhitzen. Fischfilets darin bei mittlerer Hitze in 6–8 Min. goldgelb braten, dabei einmal wenden. Herausnehmen, auf Küchenpapier abtropfen lassen, warm stellen.

3 | Speckwürfel im Bratensatz knusprig braten. Salbei kurz mitbraten. Schollen anrichten, Speck und Salbei darüber verteilen. Übrige Zitrone in Spalten schneiden, dazu servieren.

➤ Beilage: Pellkartoffeln mit Petersilie, in Butter geschwenkt.

➤ Variante: Etwas preiswerter wird's mit ganzen küchenfertigen Schollen (je ca. 400 g), diese 5–6 Min. von jeder Seite braten.

schmeckt auch kalt

## Kräuter-Fisch-Frikadellen

FÜR 4 PERSONEN

- **1 Zitrone**
- **370 g Fischfilet (z. B. Rotbarsch, Kabeljau, Lachs)**
- **2 Knoblauchzehen**
- **1 Bund Petersilie**
- **50 g gemischte Kräuter (Schnittlauch, Salbei, Rosmarin, Thymian)**
- **1 Ei | 50 g Semmelbrösel**
- **Salz | Pfeffer**
- **2 EL Olivenöl**
- **Mehl zum Wenden**

Zubereitung: 40 Min.

➤ Pro Portion ca.: 240 kcal

1 | Die Zitrone auspressen. Fisch waschen, trockentupfen und in kleine Stücke schneiden. Mit 2 EL Zitronensaft pürieren. Knoblauch schälen und dazudrücken. Kräuter waschen, trockenschütteln, abzupfen und fein hacken.

2 | Kräuter mit Ei und Semmelbröseln unter das Püree mischen, gut durchkneten, salzen und pfeffern. Mit nassen Händen 8 kleine flache Frikadellen formen und in Mehl wenden.

3 | Das Öl in einer Pfanne erhitzen, Frikadellen darin von beiden Seiten bei mittlerer Hitze 3–4 Min. anbraten, zugedeckt weitere 5–6 Min. braten.

➤ Beilage: eiskalter Schmand und grüner Salat

TIPP

### Fischburger zum Mitnehmen

1 Brötchen aufschneiden, mit 1 EL Schmand bestreichen. Darauf 1 Salatblatt, 2 Gurkenscheiben und 1 Frikadelle legen. Mit der zweiten Brötchenhälfte abdecken.

◄ *im Bild vorne:* **Salbei-Speck-Scholle** *im Bild hinten:* **Kräuter-Fisch-Frikadellen**

gut vorzubereiten

## Rotbarsch im Kräutermantel

FÜR 4 PERSONEN

- **4 Scheiben Rotbarschfilet (ca. 600 g)**
- **2 EL Zitronensaft**
- **Salz | Pfeffer**
- **500 g Lauch**
- **300 g Möhren**
- **2 EL Butter**
- **1/8 l Gemüsebrühe**
- **50 g gemischte Kräuter (Schnittlauch, Pimpernelle, Petersilie, Melisse)**
- **4 Scheiben Toastbrot**
- **150 g Crème fraîche**
- **2 EL geriebener Bergkäse**

Zubereitung: 35 Min.
Backzeit: 20 Min.
Pro Portion ca.: 445 kcal

1 | Fisch mit Zitronensaft beträufeln, salzen und pfeffern. Lauch waschen, putzen und in dünne Ringe, Möhren schälen und in Streifen schneiden. Ofen auf 220° vorheizen.

2 | Butter zerlassen. Lauch und Möhren darin 3 Min. andünsten, Brühe angießen und zugedeckt noch 2 Min. dünsten. Gemüse mit Salz und Pfeffer würzen, in eine ofenfeste Form geben.

3 | Kräuter waschen, abtrocknen, abzupfen und hacken. Toast entrinden, würfeln und zerreiben, mit Kräutern, Crème fraîche, Käse, Salz und Pfeffer zu einer Paste verarbeiten. Filets in die Form legen, mit der Paste bestreichen. Im Ofen (Mitte, Umluft 200°) 20 Min. überbacken.

kalorienarm

## Tintenfische mit Kräuterfüllung

ZUTATEN FÜR 4 PERSONEN

- **2 Zitronen**
- **8 küchenfertige Tintenfischtuben (ca. 900 g)**
- **Salz**
- **80 g Pinienkerne**
- **2 Schalotten**
- **2 Knoblauchzehe**
- **4 EL Olivenöl**
- **200 g Rundkornreis**
- **50 g gemischte Kräuter (Petersilie, Dill, Kerbel, Basilikum) | Pfeffer**
- **100 ml Fischfond (Glas)**
- **Holzstäbchen**

Zubereitung: 40 Min.
Backzeit: 40 Min.
Pro Portion: 580 kcal

1 | Zitronen auspressen. Tintenfische abbrausen und trockentupfen, mit Salz und 2 EL Zitronensaft würzen. Pinienkerne ohne Fett goldbraun rösten. Schalotten und Knoblauch schälen, fein würfeln.

2 | 2 EL Öl erhitzen, Schalotten und Knoblauch darin glasig dünsten. Reis einrühren, kurz anbraten. 400 ml Wasser angießen, salzen. Reis zugedeckt bei schwacher Hitze 8–10 Min. quellen lassen.

3 | Ofen auf 200° vorheizen. Kräuter waschen, abtrocknen, abzupfen und. fein hacken. Mit Pinienkernen unter den Reis mischen. Mit Salz, Pfeffer und Zitronensaft würzen. Reis in die Tintenfische füllen, mit Holzstäbchen verschließen. In eine ofenfeste Form legen, mit 2 EL Öl begießen. Übrigen Zitronensaft und Fond angießen. Im Ofen (Mitte, Umluft 180°) 40 Min. schmoren. Mit Zitronenachteln garnieren.

◄ *im Bild vorne:* **Rotbarsch im Kräutermantel** *im Bild hinten:* **Tintenfische mit Kräuterfüllung**

# Kräuter im Teig

Solo als Leckerbissen zu Bier und Wein, als Imbiss mit einem Salat angerichtet oder als kleine Vorspeise: Jede dieser Eierspeisen und herzhaften Gebäckstücke ist ein wahres Gedicht. Ob Kräuter im Rührei oder Pfannkuchen mit Schnittlauch, ein luftiges Souffle oder kernige Brötchen – alle Teige lassen sich gut vorbereiten und das Ergebnis ist so gut wie die frischen und wilden Kräuter, die Sie verwenden. Sie bringen würziges Aroma und Farbe ins Spiel – genießen Sie die echten »Blätter«-Teige!

# Blitzrezepte

## Kräuter-Rührei

FÜR 4 PERSONEN

➤ **Je 1/2 Bund Schnittlauch, Petersilie und Portulak | 6 Eier | 6 EL Sahne | Salz Pfeffer | 2 EL Butter | 100 g gekochter Schinken in dünnen Scheiben**

1 | Kräuter abbrausen, trockenschütteln, fein schneiden oder hacken. Eier und Sahne verrühren, salzen und pfeffern. Kräuter unterrühren.

2 | Butter in einer Pfanne zerlassen, Eiermasse darin bei schwacher Hitze 2–3 Min. stocken lassen. Dabei mit einem Pfannenwender von außen nach innen zusammenschieben. Rührei in 4 Portionen teilen und mit dem Schinken anrichten.

## Petersilie-Waffeln

FÜR 8 STÜCK

➤ **2 Bund Petersilie | 300 ml Milch 150 g weiche Butter | 4 Eier | Salz Pfeffer | 250 g Mehl | 150 g Crème fraîche | Fett für das Waffeleisen**

1 | Petersilie waschen und trockenschütteln. Die Blätter mit der Milch im Mixer fein pürieren.

2 | Butter schaumig rühren. Erst Eier, 1 TL Salz und Pfeffer unterrühren, dann das Mehl und die grüne Milch.

3 | Waffeleisen auf mittlerer Stufe vorheizen, fetten. Teig auf die untere Backfläche geben und nacheinander in 3–4 Min. goldgelbe Waffeln backen. Mit Crème fraîche anrichten.

preiswert

## Schnittlauch-Pfannkuchen

FÜR 4 PERSONEN

➤ **200 g Mehl | 4 Eier**
**1/4 l Milch | Salz**
**500 g Champignons**
**400 g kleine Tomaten**
**1 Zwiebel**
**1 Knoblauchzehe**
**2 Bund Schnittlauch**
**5 EL Öl | Pfeffer**

🕓 Zubereitung: 50 Min.
🕓 Ruhezeit: 30 Min.
➤ Pro Portion ca.: 435 kcal

1 | Für den Teig Mehl mit Eiern, Milch und 1/2 TL Salz verquirlen und 30 Min. ausquellen lassen.

2 | Pilze putzen, halbieren oder vierteln, Tomaten waschen und vierteln. Zwiebel und Knoblauch schälen und sehr fein würfeln. Schnittlauch waschen und fein schneiden.

3 | In einer schweren Pfanne (26 cm ∅) etwas Öl erhitzen. Nacheinander mit 3–4 EL Öl in 3–4 Min. 8 Pfannkuchen backen. Sobald die Unterseite fest ist, die feuchte Oberseite mit 1–2 TL Schnittlauch bestreuen. Pfannkuchen wenden und fertig backen. Bei 50° im Ofen warm stellen.

4 | Übriges Öl erhitzen, Zwiebel und Knoblauch darin glasig dünsten. Pilze dazugeben und bei starker Hitze in 3–4 Min. anbraten, salzen und pfeffern. Tomaten einrühren und 2 Min. köcheln lassen. Salzen und pfeffern. Auf jede Pfannkuchenhälfte 1 Portion Gemüse geben, mit Schnittlauch bestreuen. Zweite Hälfte darüber klappen.

für Gourmets

## Sauerampfer-Souffle

FÜR 4 PERSONEN

➤ **300 g Sauerampfer**
**200 g Blattspinat**
**Salz**
**40 g Butter**
**30 g Mehl**
**1/4 l Milch | Pfeffer**
**Muskatnuss, frisch gerieben**
**4 Eier**
**60 g geriebener Gouda**
**Butter für die Form**

🕓 Zubereitung: 35 Min.
🕓 Backzeit: 45 Min.
➤ Pro Portion ca.: 300 kcal

1 | Sauerampfer und Spinat verlesen, waschen, Stiele abknipsen. In reichlich kochendem Salzwasser 30 Sek. blanchieren. Abschrecken, gut abtropfen lassen, dann fein hacken.

2 | Butter in einem Topf zerlassen, Mehl anschwitzen. Milch unter Rühren dazugießen. Die Sauce 10 Min. köcheln lassen, mit Salz, Pfeffer und Muskat kräftig würzen. Etwas abkühlen lassen.

3 | Backofen auf 180° vorheizen. Eier trennen. Eigelbe, Kräuterpüree und Käse unter die Sauce rühren. Eiweiße zu steifem Schnee schlagen, unterheben. Den Boden einer Souffleform (ca. 1 1/2 l) fetten, die Masse einfüllen. Im Ofen (unten, Umluft 160°) 40–45 Min. backen. Sofort servieren.

➤ Getränk: milder Weißwein, z.B. säurearmer Silvaner aus Franken



*im Bild vorne:* **Schnittlauch-Pfannkuchen** *im Bild hinten:* **Sauerampfer-Souffle** ➤

für Gäste | vegetarisch

## Frühlingskräuter-Tarte

FÜR 1 SPRINGFORM (28 CM ∅)

➤ 250 g Mehl | Salz
125 g kalte Butter
4 Eier
200 g Crème fraîche
100 g körniger Frischkäse
80 g geriebener Emmentaler
Pfeffer
150 g gemischte Kräuter (Bärlauch oder Schnittknoblauch, Kerbel, Rucola, Zitronenthymian)
Muskatnuss, frisch gerieben
Mehl zum Ausrollen
Fett für die Form

◷ Zubereitung: 40 Min.
◷ Backzeit: 50 Min.
➤ Bei 6 Personen pro Portion ca.: 555 kcal

1 | Mehl, Salz, Butter in Stückchen und 4 EL Wasser zu einem glatten Teig verkneten. Auf der bemehlten Arbeitsfläche ausrollen. Die Form fetten, Boden und Rand mit dem Teig auskleiden. Mit einer Gabel mehrmals einstechen. 30 Min. kalt stellen.

2 | Inzwischen Ofen auf 200° vorheizen. Eier verquirlen, Crème fraîche, mit Frischkäse und Käse verrühren, mit Salz und Pfeffer würzen. Kräuter waschen und gut trockentupfen, fein hacken und unterrühren. Mit Salz, Pfeffer und Muskat würzen.

3 | Teig im Ofen 10 Min. vorbacken (unten, Umluft 180°). Kräutermasse darauf geben, 40 Min. backen.

gut vorzubereiten

## Wildkräuter-Brötchen

FÜR 12 STÜCK

➤ 500 g Dinkel-Vollkornmehl
1 Würfel Hefe (42 g)
1 TL Zucker
200 g Wildkräuter (z. B. Brennnesseln, Löwenzahn, Sauerampfer, Wildrucola)
Salz | 250 g Buttermilch
50 g weiche Butter
1 Eigelb
Mehl zum Formen
Backpapier für das Blech

◷ Zubereitung: 1 Std.
◷ Ruhezeit: 1 Std. 25 Min.
➤ Pro Stück ca.: 195 kcal

1 | Mehl in eine Schüssel geben, in die Mitte eine Mulde drücken. Hefe hineinbröckeln, mit Zucker und 4 EL Wasser verrühren. Mit Mehl bestäuben, zugedeckt an einem warmen Ort 10 Min. gehen lassen.

2 | Kräuter waschen, trockenschütteln, in kochendem Salzwasser 1 Min. blanchieren. Abschrecken, abtropfen lassen und fein hacken. Mit Buttermilch, Butter, 1 TL Salz zum Vorteig geben, zu einem glatten Teig kneten. Warm stellen, 30 Min. gehen lassen.

3 | Teig auf Mehl durchkneten. In 12 Portionen teilen, runde Brötchen formen. Auf ein mit Backpapier belegtes Blech setzen, sternförmig einschneiden. Brötchen zugedeckt 45 Min. ruhen lassen.

4 | Backofen auf 220° vorheizen. Eigelb mit 2 EL Wasser verquirlen, auf die Brötchen streichen. Im Ofen (Mitte, Umluft 200°) in 15 Min. goldbraun backen.



*im Bild vorne:* **Wildkräuter-Brötchen** *im Bild hinten:* **Frühlingskräuter-Tarte** ➤

**Zum Gebrauch**
Damit Sie Rezepte mit bestimmten Zutaten noch schneller finden, stehen hier zusätzlich beliebte Zutaten wie Dill oder Schnittlauch – **halbfett** gedruckt – über den entsprechenden Rezepten.

## Die Autorin

**Martina Kittler** studierte Ernährungswissenschaften und machte ihre Leidenschaft Kochen zum Beruf – acht Jahre lang bei der größten deutschen Kochzeitschrift und seit der Geburt ihrer Kinder als freie Foodjournalistin und -autorin. Ihre Rezepte sind nicht nur schnell und unkompliziert, sondern auch mehrfach erprobt und familientauglich.

## Der Fotograf

**Jörn Rynio** arbeitet als Fotograf in Hamburg. Zu seinen Auftraggebern gehören nationale und internationale Zeitschriften, Buchverlage und Werbeagenturen. Aus seinem Studio stammen alle Fotos in diesem Band. Tatkräftig unterstützt wurde er dabei von seiner Foodstylistin Petra Speckmann.

## Danke

Ein besonderes Dankeschön geht an die Firma **Silit** für die Bereitstellung der Küchenutensilien.

## Bildnachweis

Foto S. 9 links:
FoodPhotographie Eising.
Alle anderen:
Jörn Rynio, Hamburg

Gedruckt auf Primasilk
130 g/qm holzfrei mattgestrichen Bilderdruck, made by StoraEnso, geliefert von der Papier Union.



Programmleitung:
Doris Birk
Leitende Redakteurin:
Birgit Rademacker
Redaktion: Sigrid Burghard
Lektorat:
Adelheid Schmidt-Thomé
Satz: Uhl + Massopust, Aalen
Layout, Typografie und Umschlaggestaltung:
Independent Medien Design, München
Herstellung: Gloria Pall
Reproduktion:
Repro Ludwig, Zell am See
Druck und Bindung:
Kaufmann, Lahr

ISBN 3-7742-6887-8

| Auflage | 5. | 4. | 3. | 2. | 1. |
|---|---|---|---|---|---|
| Jahr | 09 | 08 | 07 | 06 | 05 |

GRÄFE UND UNZER

Ein Unternehmen der
GANSKE VERLAGSGRUPPE

DAS ORIGINAL · GU · MIT GARANTIE

## Das Original mit Garantie

Ihre Meinung ist uns wichtig. Deshalb möchten wir Ihre Kritik, gerne aber auch Ihr Lob erfahren. Um als führender Ratgeberverlag für Sie noch besser zu werden. Darum: Schreiben Sie uns! Wir freuen uns auf Ihre Post und wünschen Ihnen viel Spaß mit Ihrem GU-Ratgeber.

Unsere Garantie: Sollte ein GU-Ratgeber einmal einen Fehler enthalten, schicken Sie uns das Buch mit einem kleinen Hinweis und der Quittung innerhalb von sechs Monaten nach dem Kauf zurück. Wir tauschen Ihnen den GU-Ratgeber gegen einen anderen zum gleichen oder ähnlichen Thema um.

GRÄFE UND UNZER VERLAG
Redaktion
Kochen & Verwöhnen
Postfach 86 03 25
81630 München
Fax: 089/41981-113
e-mail: leserservice@graefe-und-unzer.de

## AROMAFRISCHE

- Frische Kräuter erst kurz vor Gebrauch vorbereiten und zerkleinern.
- Kräuter nur waschen, wenn es unbedingt notwendig ist und Erde oder Sand daran haftet.
- Gründlich trockenschütteln oder mit Küchenpapier abtupfen.
- In trockenem Zustand lassen sich alle Kräuter leichter hacken.

# Geling-Garantie für das Kochen mit Kräutern

## MIT ODER OHNE HITZE?

- Robuste Kräuter wie Salbei, Rosmarin und Thymian müssen mitkochen, damit sich ihre Würzkraft voll entfalten kann.
- Kräuter mit zarten Blättern wie Basilikum und Kerbel vertragen keine Hitze. Ihr Aroma verduftet. Sie kommen erst zum Schluss an gekochte Speisen.

## KRÄUTER EINFRIEREN

- Kräuter abbrausen und trockentupfen.
- Ganz oder grob zerkleinert, einzeln oder gemischt in Gefrierbeutel verpacken. Die gefrorenen Blättchen zerbröseln.
- Oder Kräuter fein hacken und in Eiswürfelbehältern, mit Wasser bedeckt, einfrieren – nicht länger als 1/2 Jahr. Gefroren an das heiße Gericht geben.

## IN ESSIG & ÖL EINLEGEN

- 2–3 Kräuterzweige waschen und trocknen. In eine saubere Flasche stecken, mit gutem Weinessig oder Öl auffüllen, zustöpseln und 2–4 Wochen stehen lassen. Der Geschmack hängt von der Durchziehzeit ab.
- Essig oder Öl durch ein Sieb in eine saubere Flasche umfüllen. Haltbarkeit: im Kühlschrank bis zu 1/2 Jahr.